EL ALBA ES EL LEOPARDO

edición bilingüe

Juan Sánchez Peláez

El alba es el leopardo

ILUSTRACIONES DE ANDREA BRITTO

Traducción: Raquel Sánchez y Cristina Gálvez Martos

DOGMA
EDITORIAL

NilA
ediciones

Nueva York Poetry Press®

El alba es el leopardo
Edición bilingüe

© Herederas de Juan Sánchez Peláez
© Nila Ediciones, 2022
© Dogma Editorial, 2022
© Nueva York Poetry Press, 2022

TRADUCCIÓN: Raquel Sánchez y Cristina Gálvez Martos
SELECCIÓN Y EDICIÓN: Giordana García Sojo

ILUSTRACIONES:
© Andrea Britto
Serie *El Alba es el leopardo*, técnica mixta: tinta china e intervención digital

FOTOGRAFÍAS:
Enrique Hernández D' Jesús

Nila Ediciones
Santa Mónica. Municipio Libertador.
Caracas, Venezuela. C.P. 1040

Dogma Editorial
Barracuda #40, Alcaldía Tláhuac.
Ciudad de México, México. C.P. 13270

Nueva York Poetry Press
128 Madison Av. Suite 2RN
New York, NY 10016, USA

ISBN: 978-1-958001-66-0

Índice

Agradecimientos

Esta publicación fue posible gracias al beneplácito y cuidados de las hijas del poeta Juan Sánchez Peláez: Raquel Sánchez y Tamar Meisel. A ellas expresamos nuestra gratitud por constituirse como puentes amables entre la palabra poética y su lectura, así como a Malena Coelho, quien partiera recientemente.

Queremos mencionar la singular sensibilidad y el rigor de Raquel Sánchez quien, sin escatimar tiempo y a pesar de las distancias, ha acompañado en todo momento la confección y culminación de esta edición.

PRESENTACIÓN

Alivia cerrar el trazo de un círculo sobre una superficie escarpada, irregular. Esta edición se logró así, dibujando en el tiempo la posibilidad circular de unir poesía y lectura sobre una lámina de tierra corrugada por las dificultades. El paso por cada punto de este fraterno círculo sumó ilustraciones, traducciones y comentarios. Hasta cerrar la línea con la publicación y celebrar con ello un rito de iniciación editorial en nombre del gran maestro venezolano Juan Sánchez Peláez (1922-2003).

El centenario del poeta fue motivación justificada y luminosa, pero un magma común empujó cada entrelazamiento para llegar a nuevas y más lecturas de una obra que consideramos fundamental dentro de la literatura de América Latina y el Caribe, y germinal para la formación poética en Venezuela.

Sánchez Peláez pasó largas estadías en Chile y Francia, donde participó activamente en las transformaciones culturales de ambos países. De muy joven, en Chile, fue miembro fundador del grupo Mandrágora. En Venezuela colaboró en diversos espacios de creación y promoción literaria como la revista Poesía de la Universidad de Carabobo, el suplemento "Papel Literario" del diario El Nacional, la revista Zona Franca, entre otros. En 1976 fue merecedor del Premio Nacional de Literatura y en 2001 le fue concedido el Doctorado honoris causa de la Universidad de Los Andes.

El alba es el leopardo recoge poemas de todos sus libros: Elena y los elementos (1951), Animal de costumbre (1959), Filiación oscura (1966), Lo huidizo y permanente (1969), Rasgos comunes (1975), Por cuál causa o nostalgia (1981) y Aire sobre el aire (1989).

Su obra ofrece una visión que conjuga la metafísica existencial con una sensualidad de rotunda animalidad. Manifiesta una poética de raigambre mística, religada a la búsqueda de asideros verbales para atajar el asombro ante la naturaleza, esa noción suprema que en la voz de Sánchez Peláez explora y redime la consciencia humana.

Las letras venezolanas estarían heridas sin el genio poético de Sánchez Peláez, singular y profuso de influencias posibles —el surrealismo según la crítica— pero especialmente suscitador de nuevos entusiasmos y asombros.

Juan Sánchez Peláez destacó dentro de una generación de grandes poetas en el país, sin embargo, no es conocido como se debiera en otras latitudes, por lo que la presente edición busca ayudar a resarcir ese fútil error que, parafraseando a su amigo Álvaro Mutis, sigue siendo un secreto que no queremos guardar más. La antología El alba es el leopardo fue traducida al inglés por la poeta Cristina Gálvez Martos y la artista plástico e hija del poeta Raquel Sánchez, y ha sido ilustrada especialmente por la artista venezolana Andrea Britto.

Nila Ediciones lanza su primer libro en homenaje a un grande, pero desde los vericuetos sinuosos y sutiles de la edición independiente. En esa labor a veces titánica, la unión de la marabunta suele ser una estrategia acertada, por lo que agradecemos a Dogma Editorial y a Nueva York Poetry Press por confabular juntos la ruta y el abordaje para el despegue.

GIORDANA GARCÍA SOJO

EL ALBA ES EL LEOPARDO

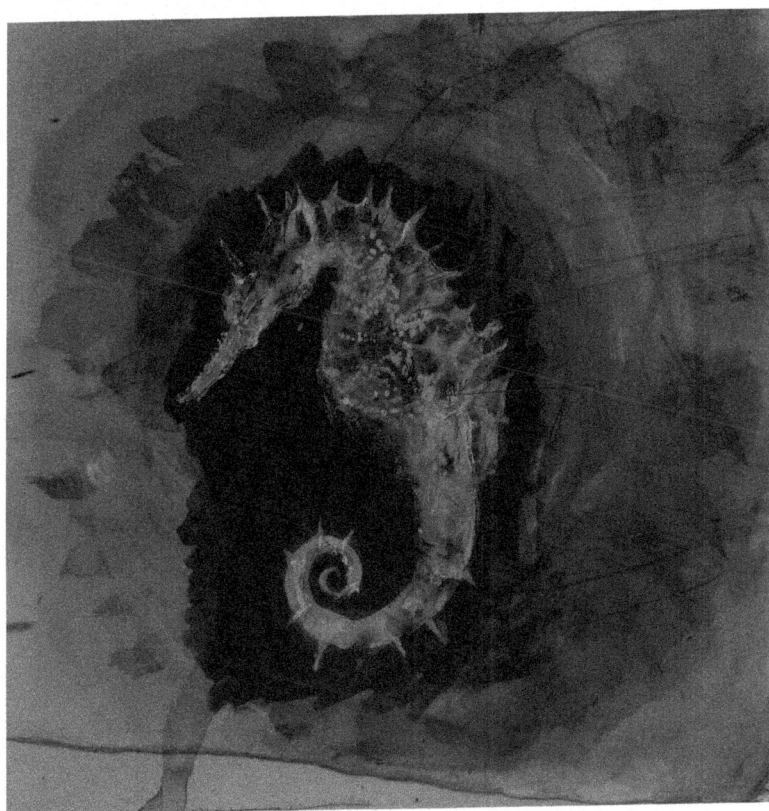

Possession

The world weighs iniquitous and solemn in my roots.
I accept your hands, your bliss, my delirium.
If you return, if you dream, your image will recognize me in
[the night.
My magical blood flows toward you, underneath the
[prophetic dawn.

Posesión

El mundo pesa inicuo y solemne en mis raíces.
Acepto tus manos, tu dicha, mi delirio.
Si vuelves tú, si sueñas, tu imagen en la noche me reconocerá.
Mi sangre de magia fluye hacia ti, bajo la profecía del alba.

De *Elena y los elementos* (1951)

The profundity of love

The love letters I wrote in my childhood were memoires
of a future love paradise. The uncertain course of my hope
was signed in the musical hills of my native country.
What I pursued was the fragile Roe deer, the ephemeral-
greyhound, the beauty of stonethat turns into angel.

I no longer faint before the sea drowned of kisses.
To the encounter of cities:
As a guide, the ankles of an imagined architecture
As food, the fury of the prodigal child
As ancestors, the parks that dream in the snow, the trees
that incite to the widest melancholy, the oxygen doors
that shake the warm mist of south, the fatal woman whose back
leans sweetly in the obscure strands.

I love the magical pearl hiding in the eyes of the
                                        [silent,
the bitter knife of the taciturn.
My heart became boat of the night and custody of the
                                        [oppressed.
My forehead is tragic clay, the deadly candle of the fallen,
the bell of the autumn evenings, the sail oriented towards
the least venturous port
or the most dispossessed one by the gusts of the storm.
I see myself facing the sun, before the Mediterranean bays, voice
flowing from a lawn of birds.

My love letters were not love letters, but rather veils of
                                        [loneliness.

My love letters were kidnapped by the
                                        [transmarine hawks
crossing the mirrors of childhood.

My love letters are offerings from a paradise of courtesans.

Profundidad del amor

Las cartas de amor que escribí en mi infancia eran memorias
de un futuro paraíso perdido. El rumbo incierto de mi espe-
ranza estaba signado en las colinas musicales de mi país natal.
Lo que yo perseguía era la corza frágil, el lebrel efímero, la
belleza de la piedra que se convierte en ángel.

Ya no desfallezco ante el mar ahogado de los besos.
Al encuentro de las ciudades:
Por guía los tobillos de una imaginada arquitectura
Por alimento la furia del hijo pródigo
Por antepasados, los parques que sueñan en la nieve, los árboles
que incitan a la más grande melancolía, las puertas de oxígeno
que estremece la bruma cálida del sur, la mujer fatal cuya espalda
se inclina dulcemente en las riberas sombrías.

Yo amo la perla mágica que se esconde en los ojos de los
                                            [silenciosos,
el puñal amargo de los taciturnos.
Mi corazón se hizo barca de la noche y custodia de los
                                            [oprimidos.
Mi frente es la arcilla trágica, el cirio mortal de los caídos,
la campana de las tardes de otoño, el velamen dirigido hacia
el puerto menos venturoso
o al más desposeído por las ráfagas de la tormenta.
Yo me veo cara al sol, frente a las bahías mediterráneas, voz
que fluye de un césped de pájaros.

Mis cartas de amor no eran cartas de amor sino vísceras de
                                            [soledad.

Mis cartas de amor fueron secuestradas por los
                          [halcones ultramarinos
que atraviesan los espejos de la infancia.

Mis cartas de amor son ofrendas de un paraíso de cortesanas.

What will happen later, if not tomorrow?
the decrepit old man whispers.
Perhaps death will whistle, before his enchanted eyes,
the most beautiful love song.

¿Qué pasará más tarde, por no decir mañana?
murmura el viejo decrépito.
Quizás la muerte silbe, ante sus ojos encantados,
la más bella balada de amor.

De *Elena y los elementos* (1951)

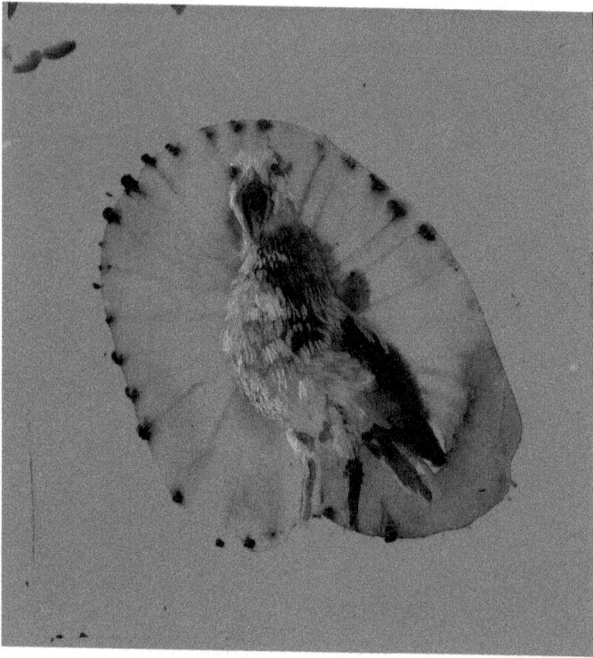

Portrait of a Beauty Unknown

In all places, on every beach, I await you.
You will arrive eternally proud,
You will arrive, I know it, without nostalgia, without any fierce[
                              [disenchantment of the years
The eclipse will arrive, the polar night
You will arrive, incline over cinders, over the cinders of
                                            [times lost
In all places, on every beach, you are queen of the universe.

What will ensue? You will be rich says the night delusive
Beneath the orbita fire falls pleasure-stained roses.
I know you will arrive although you do not exist.
The future: THE FROZEN WOLF IN ITS MARITIME MAIDEN BODICE.
I venture to decipher this enigma of infancy.
My friends emerge from dark firmament
My friends, secluded in an ancient prison, speak to me
I want in vain, the mare of the sea, the sunflower of your laughter
The demon visits me in this den, my friends are pure and
                                            [inermis.

I can hold fast like a ghost, plea with
                    [my ancestors to aid me

I ask: What will become of you?
        I will labor under the golden whip.
        I will hide the image of the polar night.

        Why are you not arriving, fable of insomnia?

Retrato de la bella desconocida

En todos los sitios, en todas las playas, estaré esperándote.
Vendrás eternamente altiva
Vendrás, lo sé, sin nostalgia, sin el feroz
                                        [desencanto de los años
Vendrá el eclipse, la noche polar
Vendrás, te inclinas sobre mis cenizas, sobre las cenizas del
                                        [tiempo perdido.
En todos los sitios, en todas las playas, eres la reina del universo.

¿Qué seré en el porvenir? Serás rico dice la noche irreal.
Bajo esa órbita de fuego caen las rosas manchadas del placer.
Sé que vendrás aunque no existas.
El porvenir: LOBO HELADO CON SU CORPIÑO DE DONCELLA MARÍTIMA.
Me empeño en descifrar este enigma de la infancia.
Mis amigos salen del oscuro firmamento
Mis amigos recluidos en una antigua prisión me hablan
Quiero en vano el corcel del mar, el girasol de tu risa
El demonio me visita en esta madriguera, mis amigos son puros
                                        [e inermes.

Puedo detenerme como un fantasma, solicitar de mis
                    [antepasados que vengan en mi ayuda.

Pregunto: ¿Qué será de ti?
            Trabajaré bajo el látigo del oro.
            Ocultaré la imagen de la noche polar.

        ¿Por qué no llegas, fábula insomne?

                        De *Elena y los elementos* (1951)

When you climb to heights,
I scream into your ear:
We are mixed with great evil from the earth.
I always feel uneasy
I barely
Survive
On nights' panic.

The feminine wolf is inside me, unfamiliar,
We are but guests in the hill of daydreams,

The place beloved by the impoverished;

They
Have descended with the apparition
Of the sun,

Until I am glistened by many roses,

And I have conquered much foolishness
    With my tenderness,
Listening to the heart.

Cuando subes a las alturas,
Te grito al oído:
Estamos mezclados al gran mal de la tierra.
Siempre me siento extraño.
Apenas
Sobrevivo
Al pánico de las noches.

Loba dentro de mí, desconocida,
Somos huéspedes en la colina del ensueño,

El sitio amado por los pobres;

Ellos
Han descendido con la aparición
Del sol,

Hasta humedecerme con muchas rosas,

Y yo he conquistado el ridículo
    Con mi ternura,
Escuchando al corazón.

De *Animal de costumbre* (1959)

My creature of habit observes and keeps vigil for me.
It wags its long tail. Comes to me
At an undefined time.

It devours me every day, at every second.

When I go to the office, it asks:
    «Why do you work
    Here
    Exactly?»

And I respond to it, very low, almost in its ear:
    No reason, no reason.
And as I am superstitious, I knock on wood
Suddenly,
For it to disappear.

I am illogically defenseless
From the knees up
Throughout this initiation of spring
My creature of habit steals the sun
And the fleeting clarity of passersby.

I have never been faithful to the moon nor to the rain nor
                                [to the pebbles on the beach.

My creature of habit grabs me by the wrists,
                                [it dries my tears.

At an undefined time
It descends from the sky.

At an undefined time
It sips steam from my poor soup.

Mi animal de costumbre me observa y me vigila.
Mueve su larga cola. Viene hasta mí
A una hora imprecisa.

Me devora todos los días, a cada segundo.

Cuando voy a la oficina, me pregunta:
    «¿Por qué trabajas
    Justamente
    Aquí?»

Y yo le respondo, muy bajo, casi al oído:
    Por nada, por nada.
Y como soy supersticioso, toco madera
De repente,
Para que desaparezca.

Estoy ilógicamente desamparado:
De las rodillas para arriba
A lo largo de esta primavera que se inicia
Mi animal de costumbre me roba el sol
Y la claridad fugaz de los transeúntes.

Yo nunca he sido fiel a la luna ni a la lluvia ni a los
                        [guijarros de la playa.

Mi animal de costumbre me toma por las muñecas
                        [me seca las lágrimas.

A una hora imprecisa
Baja del cielo.

A una hora imprecisa
Sorbe el humo de mi pobre sopa.

At an undefined time
When I atone my thirst
It passes around jugs of wine.

At an undefined time
It will kill me, collect my bones
And now with my bones placed in a large sack, it will make
a small boat of me,
A minuscule bubble on the beach.

And so
I will be faithful
To the moon
The rain
The sun
And to the pebbles on the beach.

Then
The persistence of a strange rumor will clamp itself
Around the tree and the victim;

It will persist...

Forever sweeping
The roses,
The ductile leaves
And the wind.

A una hora imprecisa
En que expío mi sed
Pasa con jarras de vino.

A una hora imprecisa
Me matará, recogerá mis huesos
Y ya mis huesos metidos en un gran saco, hará de mí
Un pequeño barco,
Una diminuta burbuja sobre la playa.

Entonces sí
Seré fiel
A la luna
La lluvia
El sol
Y los guijarros de la playa.

Entonces
Persistirá un extraño rumor
En torno al árbol y la víctima;

Persistirá…

Barriendo para siempre
Las rosas,
Las hojas dúctiles
Y el viento.

De *Animal de costumbre* (1959)

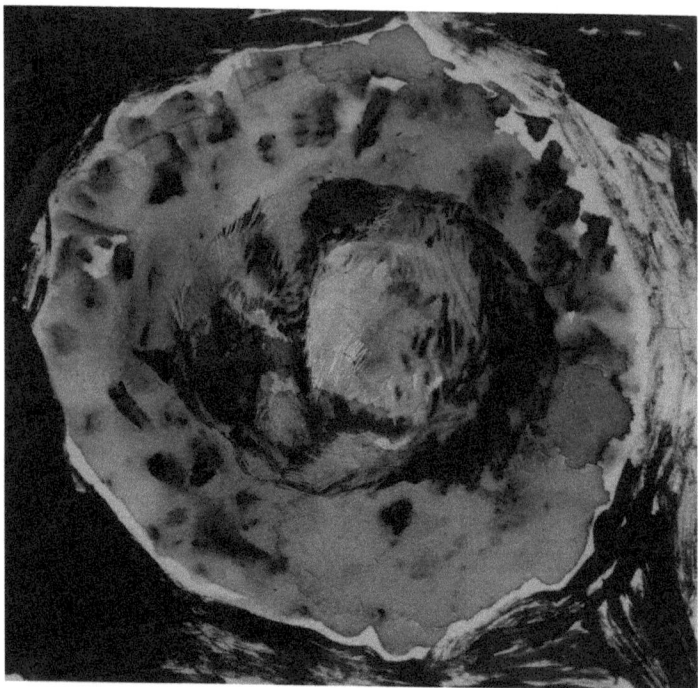

The Woman Stranger sways the splendor from my foreheads'
temple
Oh Donna, Oh Madonna, I love you.

And so, she responds:

«I am not my parent's daughter, nor am I the
Mother of my own daughters.
I travel because I always see myself as obligated to travel.
I travel because I always see myself as obliged.
I travel because I always find... pleasantry».

It seems like only yesterday. I see the port anew. Friends
                                        [who extend
index fingers point, and large hand-held fans fan, like a rain
                                        [of terraces.
Newcomer, would you be sending my soul, with no canticle,
                                        [to the devil?
I kneel. Below the luz bone. I foresee, boisterously,
    the resurrection of flesh.

And everlasting life. Amen.

I scream, to see if the devil hears me.
I scream; fall prostrating.
I go to the pit. Look at the arching vultures.

Detain that Woman Stranger in the shadows of the ingress:
                                        [Go away
    with what you want.
Take what you want,
I owe you nothing.

I go toward the invisibly clear image, with desire.

(Watch over me, my nightingale.
Do not ignore me in the heights of Your Purple Foliage.)

La Extraña mueve el fulgor de mi sien.

Oh donna, Oh madonna, I love you.

Y ella responde:

«Yo no soy hija de mis padres ni
Madre de mis hijas.
Yo viajo porque siempre me veo obligada a viajar.
Yo viajo porque siempre me veo obligada.
Yo viajo porque siempre me... agrada».

Parece que fue ayer. Veo de nuevo el puerto. Amigos
                                        [que extienden
el índice, y grandes abanicos, como una lluvia desde
                                        [las terrazas.
Extraña, ¿mandarías mi alma, mi ánima sin cántico,
                                        [al diablo?
Me postro de hinojos. Bajo la cerviz. Me auguro, bullicioso,
    la resurrección de la carne.

Y la vida perdurable. Amén.

Grito, a ver si oye el diablo.
Grito; me voy de bruces.
Me voy al hoyo. Miro los cabizbajos zamuros.

Detengo a la Extraña en la penumbra del zaguán:
                                        [Váyase
    con lo que usted quiera.
Llévese lo que usted quiera,
Yo no le debo nada.

Voy hacia la clara imagen, con mi deseo.

(Vela, ruiseñor mío.
No me ignores en la altura de Tu Follaje Morado.)

De *Animal de costumbre* (1959)

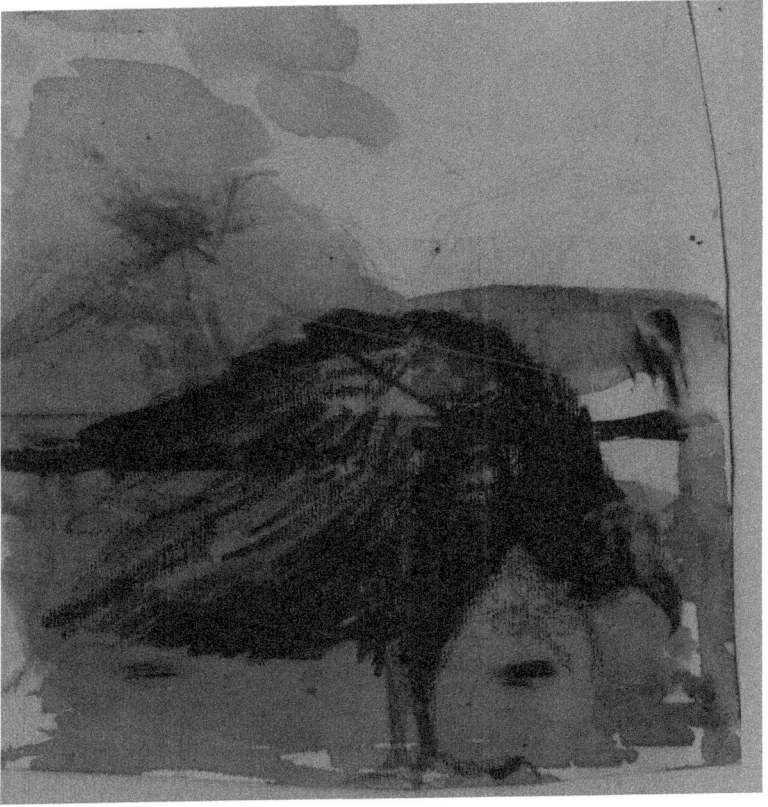

Hearken to me:

How barbaric to whip the lanky horse.

It begs the unforeseen, it alters and listens to falling hail.

Apposite in its abandonment, striation of cinders.

It glimpses, it splits the rugged or the pulverized.

It parts ways with birds and miniscule suns.

    Until the straight path.

Oídme:

Qué barbaridad la de palmotear el caballo flaco.

Inquiere lo imprevisto, se demuda y oye caer granizo.

Apto en su abandono, estría de ceniza.

Atisba, hiende la rugosidad o el polvo.

Parte con pájaros y soles minúsculos

    Hasta el camino recto.

De Filiación oscura (1966)

Poem

Those who rise and no great burning bush was encountered, if not
    for the iron of the flower,
he frozen flower in its secret abyss.

From the stone to the candlestick to the sweet sugar cane called
    hummingbird
what pun randomly places me in this quandary?

I delve and conceal. The typing's of my details under my
thumb.

Poema

El que sube y no halla un gran árbol de fuego, sino
    el hierro de la flor,
la helada flor en su secreto abismo.

¿De la piedra a la candela al chorro dulce que llaman
    colibrí
qué vocablo me pone en azarosa coyuntura?

Escarbo y sepulto. La escritura de mis pormenores en el
puño.

De *Filiación oscura* (1966)

That which does not mind me
The elusive and permanent
Two bodies come together and the dawn is the leopard.
My breakdown
Jumps to the minstrel's face;
If you enter or exit
A dense aureole
Disturbs the echo;
If you think,
Callings flame diversly directs the storm;
If you look,
The phosphorous trembles;
If I live,
I live in memory.
My legs ingress into the lightless alley.
In my return, I speak to the one I was.

Alone I touch traverse
    back handed
    fire branches.
For you, my absent one
I hear the sea at five
    steps from my heart
And the flesh is my heart,
    to whom my yesteryear embraces
If you enter or exit,
The confidence of love returns back to love.
Tell me
If with the years I tear
    a rainbow;
Tell me
If age yields vain fruit;
The woman waves a sack in thin air
Descends to the sand and runs into the ocean;
At dawn,

Lo que no me tiene en cuenta
Lo huidizo y permanente
Se juntan dos cuerpos y el alba es el leopardo.
Mi quebranto
Salta a la faz del juglar;
Si entras o sales
Turba el eco
Una aureola densa;
Si piensas,
Llama en diversas direcciones la tempestad;
Si miras,
Tiembla el fósforo;
Si vivo,
Vivo en la memoria.
Mis piernas desembocan en el callejón sin luz.
Hablo al que fui, ya en mi
        regreso.
Sólo me toco al través
        con el revés
        del ramaje de fuego.
Por ti, mi ausente
Oigo el mar a cinco
        pasos de mi corazón,
Y la carne es mi corazón
        a quien roza mi antaño.
Si entras o sales,
Vuelve al amor la confidencia del amor.
Dime
Si quiebro con los años
        un arcoíris;
Dime
Si la edad madura es fruto vano;
La mujer agita un saco en el aire enrarecido
Baja a la arena y corre en el océano;
Al amanecer,

For you,
    my absent one,
The chrysalis in the form of a rose
A rose of pure water is the tenebrous.

Por ti,
    mi ausente,
La crisálida en forma de rosa
Una rosa de agua pura es la tiniebla.

De *Lo huidizo y permanente* (1969)

When I return from the imagined journey, I abandon myself
                                        [to laughter.
A pack of wolves lovingly accommodate my sleepless fawn.
Among those arrogant trees, is an all-encompassing
                        [rumor of my blood and of my vigilance.

It is not that the weight is burdensome, overwhelming. Nor
that I would force the doors open with my pinky. Not even
that I would be frightened to return here, to the semi-dark.

When I return from the imagined journey, I live and
encounter myself in pure desert. In lieu of advents and
honors, the solitude resounds its bell in the timber.

Cuando regreso del viaje imaginario, me abandono a reír.
Una jauría de lobos acoge con amor mi cervatillo insomne.
Entre aquellos árboles altivos todo el rumor de mi sangre
[y mi desvelo.

No que la carga sea abrumadora, prorrumpo. Ni que forzara
las puertas con el dedo meñique. Ni que me asustara volver
aquí, a la penumbra.

Cuando regreso del viaje imaginario, vivo y yazgo en el
puro desierto. En lugar de advenimientos y honores, la
soledad tañe aún la campana en el bosque.

De *Lo huidizo y permanente* (1969)

Beauty

Upon the Interruption of my sermon, I return to speak with you of departures and of returns. It all happened at the twist of a bird's eye view, beauty: all at once the world was compact, encapsulated and liberated. Widening eyes, at the cold flame, the conceited little parrot; I truly searched for you, licked your bones through shadows, holy dog. Although absent of you, although coated in ridicule, although you were beyond the brilliance enveloping me; perhaps you would be found nearing the bay, in the full summer's sea, in the center of royal palms.

Belleza

Interrumpida mi plática, vuelvo a hablar contigo de la partida y el regreso. Todo sucedió a vuelo de pájaro, belleza: a la vez mundo compacto, cerrado y libre. Al abrir los ojos en la llama fría, era un lorito ufano; te busqué de verdad, lamía en la sombra tus huesos, santa perra. Aunque me ausentara de ti, aunque me cubriera el ridículo, aunque estuvieras más allá del resplandor que me envuelve; quizás cercana a la bahía, en pleno mar de verano, en medio de las palmas reales.

De *Rasgos comunes* (1975)

The horse

The horse that sniffs my shadow at the ground leans it's leg forward among many leaves and abyss. Horse, fable of death in the wind, while death dissipates in white moors. Oh while I moan inside and laugh outside, the sound of your black night in my light sleeps through fireflies.

El caballo

El caballo que olisquea mi sombra a ras del suelo apoya su pata delantera entre muchas hojas y abismo. Caballo, fábula de muerte en el viento, mientras la muerte se disipa en blancos páramos. Oh mientras gimo por dentro y río por fuera, el rumor de tu noche negra en mi duermevela a través de luciérnagas.

De *Rasgos communes* (1975)

This is the bee: It teases the chosen fruit
This time it is my father: Awaiting me in Vigo

       (in front of humans he must elapse
    and address me)

behold my queen who is the size of air
and whose supple skin and tact are time itself

and here is Vincente Gerbasi who carries with him an owl
from the El Avila hill
and a dynamic alchemy

And this that is I: white and ancient in my book.

Esta es la abeja: Zumba en el fruto elegido
Esta vez es mi padre: Me espera en Vigo

      (frente a los humanos debe transcurrir
   y hacerme señas)

he aquí a mi reina que tiene el tamaño del aire
y cuya piel y tacto son el tiempo

he aquí a Vicente Gerbasi que trae una lechuza
desde el cerro del Ávila
y una ardilla de alquimia

Y este que soy yo: blanco y anciano en mi libro.

De *Por cuál causa o nostalgia* (1981)

I sit on this black earth
and on its herbs
so humbled

              and write
in the air with my index finger
              and I correct myself
with elbows that bend the spirit.

I thread my phrases of love
at the unsheltered space
below the muted history that trees hold.

I celebrate the eternal forgotten
of my black all-encompassing earth.

Finally   at last
I make this day lucid.

And a sun horse
              tips toward the impossible
like starfish
shooting
neighs in all windows.

Me siento sobre la tierra negra
y en la hierba
humildísima

        y escribo
con el índice
        y me corrijo
con los codos del espíritu.

Hilo mis frases de amor
a la intemperie
bajo los árboles de muda historia.

Celebro los olvidos eternos
de mi tierra negra y ensimismada.

Al fin   por fin
hago este día más límpido.

Y un caballo de sol
        que se asoma a lo imposible
como de estrella de mar
fugaz
relincha en todas las ventanas.

De Por cuál causa o nostalgia (1981)

If it were for me
at the completion of my cycle and stint
I would be alone
calm

awakenings would have been
of mornings and dawns
                    Since,
upon passing
as I course through
dead
they will move light
—leaf and tree
                    And there will be little sparrows on their feet
on cables
—lamentations joys chimneys and fires

—the tiger will lick its cheekbone covered by
lightnings

restless countries would need to remain quiet

after very many dreams   god of dreams
dead or alive my night my centipede nocturnal
the whole jungle must surround me with great clouds and
sparkle

one afternoon of mine in the forgotten   on my day yet to
harvest.

Si fuera por mí
al cumplir mi ciclo y mi plazo
habría de estar solo
calmo

despiertas habrían de estar
la mañana y la alborada
                    Pues
al pasar
al transcurrir yo
muerto
moverán la luz
—hoja y árbol
              Y habrá gorrioncitos de pie
en los cables
—quejas alegrías chimeneas e incendios

—el tigre lamerá su pómulo cubierto de
relámpagos

los países inquietos también habrán de quedarse calmos

luego de muchos sueños   dios de los sueños
muerto o vivo mi ciempiés nocturno
la plena selva ha de rodearme con grandes nubes y destellos

una tarde mía en el olvido   en mi día aún por segar.

De *Por cuál causa o nostalgia* (1981)

A round horse enters
my house after much circling
of the prairie

a large grey and drunk horse with
many spots in its shadow
and so boisterous, My God.

I said to him: You will not be able to lick my hand,
drifting star of souls.

And this was plenty enough. I didn't see him again.
He was gone.
Because you cannot mention souls
of any kind to a horse
not even if within the brief breath, vertiginous lightning
lasts.

Un caballo redondo entra a
mi casa luego de dar muchas vueltas
en la pradera

un caballo pardote y borracho con
muchas manchas en la sombra
y con qué vozarrón, Dios mío.

Yo le dije: no vas a lamer mi mano,
estrella errante de las ánimas.

Y esto bastó. No lo vi más. Él
se había ido. Porque al
caballo no se le pueden nombrar
las ánimas ni siquiera lo que dura
un breve, vertiginoso relámpago.

De *Aire sobre el aire* (1989)

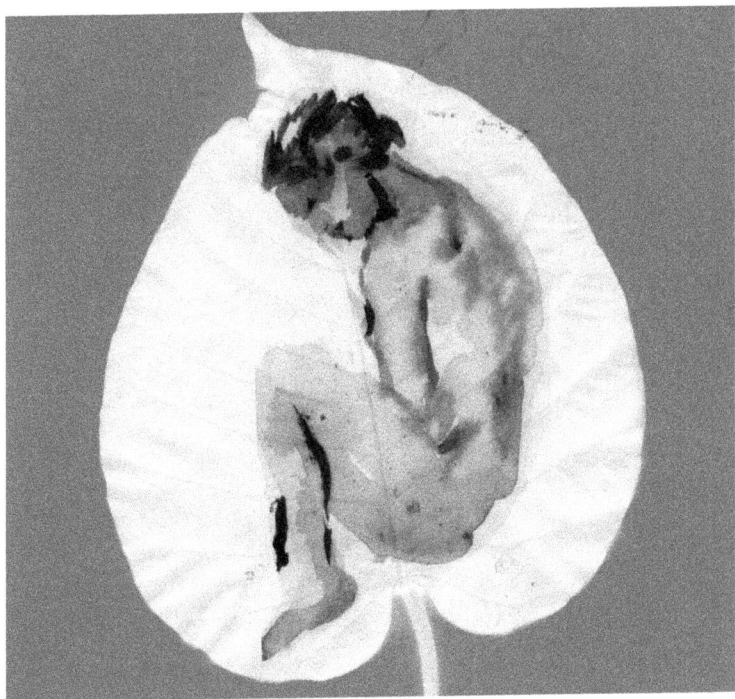

And I know of my limits
—I possess this residence, my dwelling is
the irony,
the owl lives, it is not
mounted

were we to herd cattle?
—for the owl, never

she is vibrant, breathes freely
and if this were possible,
impetuous, on the tall clock
she does not offer the hour

but she is here once again, amongst the wild woodland
and seeded fruits
with those who paint maraud eyes
without the slightest interest in our hubbub of vanity
facing boundless immensity

or else she draws the gate to our face
with her silence

the owl in the pool of the moon
at the loneliest awakening of
                         dawn.

Y sé de mis límites
—poseo morada, mi morada es
la ironía,
la lechuza viva, no
embalsamada

¿pastorean ese ganado?
—a la lechuza, nunca

ella vibra, respira libre
y si esto fuera posible,
de súbito, en el alto reloj
no da ninguna hora

pero se halla aquí de nuevo, entre florestas
y frutos granados
a los que pinta ojos morados
sin interesarle lo más mínimo nuestro vano ajetreo
frente a lo ilimitado inmenso

o bien nos tira el portón a la cara
con su silencio

la lechuza que está en el pozo de la luna
a la una muy sola de la
                    madrugada.

De *Aire sobre el aire* (1989)

to Álvaro Mutis

Apex and summit
flush with the premier of our finality

procure for us refuge

and that you nourish the skin of autumn
let our entwined houses and animals shed their chill

and let there be nothing but transparency
apart from respecting man or woman

pray for us, blessed bird, pray
for us in your fine and still mist

supplicate for us
while afternoons arrive colorless
and in winters abound.

a Álvaro Mutis

Ápice y cima
a ras de nuestro fin primero

procúranos refugio

y que nutridos por la piel del otoño
se vayan entibiando nuestras casas y animales

y que no haya sino diafanidad
de parte nuestra respecto al hombre o la mujer

ora pro nobis ave de buen augurio,
ora pro nobis en tu niebla finísima y fija

ruega por nosotros
mientras llegan las tardes sin color
y abundan los inviernos.

De Aire sobre el aire (1989)

COMENTARIOS

Juan nos remite en cuerpo y alma a un magisterio ejercido con prudencia y arrojo, un magisterio simbólico y lúcido que se tradujo también, y esto fue lo importante, en estímulo, fraternidad y solidaridad para con los nuevos poetas a lo largo de varias décadas, hasta que Juan se marchó a lomo de su último caballo, el más viejo. ¿Para dónde? Para la tierra que algunos de sus versos lúbricos maldijeron y patearon.

JUAN CALZADILLA

No es fácil el ejercicio antológico en una obra tan abundante en hallazgos, tan singular y tan redonda en su devenir verbal. En tal sentido, El alba es el leopardo nos propone un convite, un necesario convite, que se valida a sí mismo al hacer circular nuevamente la voz de Juan Sánchez Peláez para ganarle nuevas lectoras y nuevos lectores. De hecho, los poemas aquí seleccionados dan a compartir el inagotable deslumbramiento que genera esta obra impar.

GONZALO RAMÍREZ

Era un adolescente cuando leí por primera vez un poema de Juan Sánchez Peláez. Se había publicado en el suplemento literario de un conocido diario, se llamaba "Animal de Costumbre" y me impresionó a tal punto que cuando muchos años después conocí a Juan se lo comenté, fuimos interlocutores de largas conversaciones, algunas de ellas telefónicas, y eventuales encuentros cuando iba yo a Caracas. El poema formó parte de uno de mis libros favoritos suyos con el mismo título y éste, junto a *Elena y los elementos*, siguen siendo para mí insoslayables referencias de la gran poesía que Juan supo elevar hacia el misterio deslumbrante.

GUSTAVO PEREIRA

Veo la poesía de Juan Sánchez Peláez como una yuxtaposición del verbo a la vida misma, como si cada movimiento del poema (con una lentitud incandescente) se pudiera reencontrar la primigenia intensidad de las palabras. No hay diferencia entre fondo y superficie, cualesquiera de sus poemas desintegran esas diferencias, con un único fin: coherencia y exactitud; los poemas van mucho más allá, de lo que yo en aquellos años pensaba que era el surrealismo. Se trata de rebasar la catarsis y encarnar el mundo. Hoy, también un animal espera pacientemente por mí, con los ojos abiertos, lo ignoro, estoy en mi oficina y toco madera por si acaso.

ADRIÁN ARIAS POMONTTY

La poesía de Juan Sánchez Peláez es un legado que contiene las sinrazón de los actos de la vida, dejando al descubierto lo escondido, y al leerlo vivimos un asombro luminoso, lleno de autenticidad y melancolía.

LAURA ANTILLANO

Cruzar el umbral del primer semestre en la Escuela de Letras con una veintena de años y un ardor bajo la camiseta solamente podía hallar impulso vital en la poesía de Juan Sánchez Peláez. Me fascinó su animal sorbiendo el humo de la pobre sopa, era el mismo que sorbía la mía cuando con el ánimo turbulento sabía que la literatura era por siempre el camino. Con Sánchez Peláez fue la corporeidad del éter. Acá, leyendo sus versos, sonrío ante su presencia de diminuta burbuja sobre la playa. Luego vinieron otros poetas, otras lecturas, otras siluetas, mas sin embargo persiste su elemento.

MARÍA ALEJANDRA ROJAS

La única vez que me han montado en una patrulla estaba leyendo un libro del poeta Juan Sánchez Peláez. Así que siempre siento que me acompaña frente a los cuerpos policiales… Pero me conmueve mucho que un provinciano detenido y que iba a ser ruleteado por la policía de Caracas, lo único que seguía leyendo y tratando de conocer era la obra del poeta. Incluso le respondí eso a los policías, que lo intimidaban a uno. *Animal de costumbre*, creo que era la obra. Sánchez Peláez es un poeta de una sensualidad citadina que se celebra y siente como propio. La ciudad es un cuerpo en esos poemas, y quizá era eso lo que estaba buscando y sintiendo cuando desde una patrulla policial, seguía leyendo calmado, cosa que molestaba más a los funcionarios.

INTI CLARK

Juan Sánchez Peláez era un poeta a tiempo completo. ¿Cómo decirlo? Vivía en un constante estado de exaltación poética, de mirada honda, desentrañando el misterio. Nunca conocí a nadie como él.

ANA MARÍA OVIEDO

Basta nombrar a Juan Sánchez Peláez para señalarlo como el orfebre del lenguaje poético entre nosotros. Su obra (escasa, pero del tamaño de la perfección formal y profunda) colmó y prolongó con José Antonio Ramos Sucre la modernidad del género en la historia de la poesía venezolana. Su imaginario y su estilo provino del surrealismo chileno, pero supo darle a su ingenio creador una personalidad única, en la que la imagen de lo maravilloso se alió a la vivencia misma (la mujer mítica, la sensualidad de lo vivo inmediato y oculto, la nostalgia de la pureza perdida, la gracia y la soledad del ser) cuyo resultado fue esa creación depurada que hizo de ella no sólo una revelación para la poesía venezolana de su tiempo y más allá de él, sino un deslumbramiento constante cada vez que abrevamos en su lectura por la maestría de su escritura, de un extraño lirismo, y su motivación, de inagotable diversidad.

LUIS ALBERTO CRESPO

"Cuando subes a las alturas,/ Te grito al oído:/ Estamos mezclados al gran mal de la tierra./ Siempre me siento extraño./ Apenas/ Sobrevivo/ Al pánico de las noches". Estos fueron, me parece, los primeros versos que leí de Sánchez Peláez, comenzando la carrera de Letras. Este primer encuentro fue también una de tantas revelaciones que encontraría en la poesía como camino para transitar por mí misma, de una manera hasta entonces apenas presentida. Cuando pienso en la poesía de Sánchez Peláez puedo hilar algunas palabras: hondura, oscuridad, sangre, memoria, sacralidad, rito. Quizá leopardo, quizá pantera... "Rito", suena de nuevo: ritualizar a través de la palabra para hallar ese borde, ese margen de la vida que es confín y eco, allí donde la vida solo puede hacerse presente frente a la solemnidad de la muerte. Rito y palabra: única manera de vivir.

CRISTINA GÁLVEZ MARTOS

Creo que Juan Sánchez Peláez introdujo una expresión vanguardista atemperada con un surrealismo de trópico muy sutil, que cristalizó en un lenguaje de armonizaciones interiores, de cadencias muy finas, muy matizadas de imágenes maravillosas, mágicas, muy acordes con nuestro trópico, nuestra tierra caliente. Le debemos ese gran logro de la sutileza que a la vez es asombrosa, pues nos sorprende por su capacidad de sugerencia, por su osadía expresiva, por su contundencia surreal, onírica, a la vez cargada de humor. Es sencillamente nuestro gran tótem, nuestro poeta emblemático en este sentido.

GABRIEL JIMÉNEZ EMÁN

Juan Sánchez Peláez es una de las voces totémicas de la poesía latinoamericana. Su obra nos lega múltiples torceduras: las de un espíritu afincado en el desocultamiento del origen y trasiego humano. Es un poeta que supo, con una ramita de mango, escarbar en el barro hasta develar cuál de todas era su filiación oscura. "Humano de manchas" pudo haber dicho sobre sí mismo, pero no lo hizo. Se aguantó. Otra fue en cambio la inflamación de sus onomatopeyas. Otro el "acento de su cabalgadura". Pues ahí, en esa vasta zona del lenguaje, prescribió dominio su alta poesía: *Elena y los elementos*, ahí reinan. Interrogan *Por cuál causa o nostalgia* se retuerce "la crin de Dios". *Rasgos comunes*, ahí reinan. La hinchada musculatura de un *Animal de costumbre*, ahí reina. Porque Juan Sánchez Peláez conquistó la urgente posibilidad de ser *Aire sobre el aire*.

RADAY OJEDA

Juan Sánchez Peláez
(25 de septiembre de 1922 - 20 de noviembre de 2003)

Poeta y traductor venezolano nacido en Altagracia de Orituco, estado Guárico. Desde su infancia vivió y estudió en Caracas. En su juventud se dedicó a la docencia en estados venezolanos como Anzoátegui, Zulia y Sucre, para luego comenzar un periplo de viajes y labores diversas por distintos países de América y Europa.

Muy joven se muda a Chile donde vive una temporada de agitada vida creativa, participando en la fundación y desarrollo del grupo La Mandrágora. Se muda a París, donde entabló una relación fructífera con artistas y escritores de distintas partes de América Latina y Europa en medio de la movida cultural parisina. En la década del 50 vive en Trinidad y Tobago donde se dedica a la docencia. Posteriormente lleva adelante funciones diplomáticas, siendo agregado cultural de Venezuela en Colombia. En la década de los 70 vive entre Estados Unidos y España, donde vuelve a trabajar en cargos diplomáticos.

En 1978 retorna a Caracas para no irse más. En Venezuela fue colaborador de diversos medios y revistas literarias como "Papel Literario" del diario *El Nacional*, *Zona Franca*, la revista *Poesía* de la Universidad de Carabobo, *Tabla Redonda*, *Eco* (Colombia), *Señal* (París), entre otras.

En 1976 fue merecedor del Premio Nacional de Literatura, y en 2001 la Universidad de Los Andes le otorga el doctorado *Honoris Causa* por su trayectoria literaria.

Con Elena, su primera esposa, tuvo dos hijas: Raquel y Tamar. Posteriormente se compromete con Malena Coelho, quien tuviera un rol fundamental como albacea y promotora de su obra.

En vida publicó siete libros, todos marcaron un momento de la poesía venezolana y fueron recibidos con elogios por la crítica en el país: *Elena y los elementos* (1951), *Animal de costumbre* (1959), *Filiación oscura* (1966), *Lo huidizo y permanente* (1969), *Rasgos comunes* (1975), *Por cuál causa o nostalgia* (1981) y *Aire sobre el aire* (1989).

Alguien pregunta por alguien que desapareció y que sin embargo está a nuestro lado.

Nila Ediciones (Venezuela)

Buscamos configurar una propuesta de títulos de autores y autoras que nos sacudan nervios, neuronas y emociones.

Hacemos libros inmunes a la indiferencia.

Valoramos el protagonismo de la escritura de mujeres.

Procuramos ediciones bilingües, ilustradas y con acompañamiento multimedia.

Visítanos en: *nilaediciones.com*

Dogma Editorial (México)

Títulos

1. Ramón Martínez Ocaranza, *Elegías en la muerte de Pablo Neruda / La edad del tiempo*. Prólogo de Iván Cruz Osorio.

2. Ihovan Pineda, *Diario con un psiquiatra.*

3. *Las pavorosas. Corpus de poetas libertarias, militantes y activistas mexicanas (Siglo XX).* Investigación, selección y notas de Tania Jaramillo, Aketzaly Moreno, María José Ramírez Jiménez, Claudia Sandoval e Iván Cruz Osorio. Prólogo de Diana del Ángel.

4. Max Rojas, *Destrabazón para recomponer lo magnífico de un cuerpo (Cuerpos nueve).* Prólogo de Aketzaly Moreno.

Nueva York Poetry Press (EE. UU.)

Algunos títulos

Colección
Premio Internacional de Poesía
Nueva York Poetry Press

1
Idolatría del huésped / Idolatry of the Guest
César Cabello

2
Postales en braille / Postcards in Braille
Sergio Pérez Torres

3
Isla del Gallo
Juan Ignacio Chávez

4
Sol por un rato
Yanina Audisio

5
Venado tuerto
Ernesto González Barnert

6
La marcha de las hormigas
Luis Fernando Rangel

noviembre de 2022

en conmemoración del Centenario del poeta

www.ingramcontent.com/pod-product-compliance
Lightning Source LLC
Chambersburg PA
CBHW071353090426
42738CB00012B/3109